かぎ針で編む

猫のあみぐるみ

著 🐾 寺西 恵里子
Eriko Teranishi

日東書院

かぎ針で編む
猫のあみぐるみ

CONTENTS

はじめに ④

のんびりな日 ⑭

仲良しな2匹 ⑥

なんか‥‥ないかな ⑯

好奇心がいっぱい ⑧

好きな場所 ⑱

猫が集まると‥‥ ⑩

動くものが好き！ ⑳

お散歩大好き ⑫

猫(ねこ)の大きさ(おお)は
普通(ふつう)のお座(すわ)りポーズで
15cmくらいです

すごく違う ㉒

箱が好き！ ㉔

みんなといっしょ！ ㉖

写真プロセスで解説

- ㉚ お座りポーズの猫を作りましょう！
- ㊳ 寝そべりポーズの猫を作りましょう！
- ㊷ 4つ足ポーズの猫を作りましょう！
- ㊺ 立ちポーズの猫を作りましょう！

- ㊾ 猫たちの作り方

- ㉞ 編み図／刺しゅう図案／編み方の基礎

逆引きインデックス

この本で使われた編み記号や編み方です。編み図でわからないことがあったら、ここを見ればすぐにわかります。

	わの作り目の編み方	33
	作り目の編み方	31
○	くさり編みの編み方	31
×	細編みの編み方	31
⋎	細編み3目編み入れるの編み方	31
⋎	細編み2目編み入れるの編み方	31
●	引き抜き編みの編み方	32
⋏	細編み2目1度(減らし目)の編み方	32
×	すじ編みの編み方	34
T	中長編みの編み方	34
₸	長編みの編み方	79
V	中長編み2目編み入れるの編み方	79
V	長編み2目編み入れるの編み方	79
◊	中長編み2目玉編みの編み方	79
◈	長編み3目玉編みの編み方	79
◊	中長編み3目玉編みの編み方	79
◊	長編み2目玉編みの編み方	79

糸端の取り方	45
針と糸の持ち方	45
編み終わりの糸の始末の仕方	33
刺しゅうの仕方	37・79

はじめに

京都の町屋に集まってきた
いたずら好きな猫たち。

いろんな色にいろんな柄の子たちが
大集合！！

集まると、今日も小さな事件が‥‥

一針一針、ていねいに編んだ
あみぐるみの猫たち

毛糸の優しさが猫たちに
ぴったり！！

できあがると、動きだしそう‥‥

編み物が初めてでも大丈夫
意外とかんたんに編める猫たち。

手作りの楽しさもいっしょに
味わってください！！

小さな作品に
大きな願いを込めて‥‥

寺西恵里子

それぞれの猫の作り方は
49ページの作り方インデックスを
ご覧ください。

仲良しな2匹

日だまりの中に
2匹の猫‥‥
今日も仲良く遊んでる

仲良しがいるって、いいね。

黒白ユウくん
おっとりさんだけど
とってももの知り‥‥

白黒マナちゃん
おともだちといるのが大好き
好奇心いっぱい

まりが大好き!
コロコロ魅力がいっぱい

段ボール箱は
入るためにある!

つかまらないね……

がんばったけどね……

好奇心がいっぱい

お庭の中には
おもちゃがいっぱい‥‥
ちょうちょう1匹で

みんな、楽しい！

三毛猫
とってもお姫様気質で
おてんばさん

寝そべったり
座ったり‥‥
くつろいだり‥‥

猫って、自由。

くまさんみたいな茶猫
とってもお調子者
笑わせてくれる‥いい子!

猫が集まると‥‥

いろいろな話し合いが
始まります。
猫ジャラシの位置なんかも
みんなで確認。

おもに遊びの話ね！

お散歩大好き

お散歩が得意だから
どこが居心地がいいか
とってもよく知ってる

だから、みんな集まってくるのかな！

手水鉢のあるここは‥‥
居心地のいい場所

びっくりしたね〜

クリーム
とっても甘えん坊
だけど、好奇心は人一倍！

明日のこと
考えるの好き！

茶トラ
100％天然さん
ほんわかしています

のんびりな日

時々、じっとしてる
のんびりが大好き
でも、ほんとは‥‥

考え事してるんだ！

スコティッシュ
恥ずかしがり屋さん
だけど、みんなといるのが好き

なんか‥‥ないかな

おいしそうなものでも
楽しそうなものでも
いつも探し物‥‥

それが、猫の仕事さ。

あれ、おいしそう！

何か、動いたね！

▸ ウシブチ
のらりくらりが大好き！
白黒つけたがらないタイプ

▸ こげ茶
小さいけど、やんちゃ
かまってさえいれば、いい子！

▸ チンチラ
とにかくおっとり！
でも、意外と頼れるやつ

好きな場所

ここ、あったかいよ！
ここ、涼しいよ！
ここ、なんだかいいんだよね。

いつも、ここ！

サバトラ
ちょっと気性があらいけど
おともだち大好き

シャム猫
きれいなものが大好き
いつも探してる

茶　猫
とっても冒険家
どこにでも行ってしまう

動くものが好き！

一番好きなのが
コロコロ転がるもの
でも、追いついたと思うと

どっかに行くんだな〜

でも、まりは好き！

太っちょ
ちょっとなまけもの
動かざること山のごとし

雑種
とっても自由な
気まぐれ屋さん

黒猫
ちょっとビビリ
すみっこが好き

すごく違う

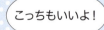
あっち行こう！

こっちもいいよ！

白 猫
すばしっこくて
みんなの情報屋さん

白と黒
色だけでなく
動きも性格も好きなものも違う

だけど、とっても仲良し！

「鳥が飛んでったよ！」

「タンポポきれいだね。」

箱が好き!

どんな箱でも大好き
大きさなんか気にしない‥‥
とにかく入ってみたいだけ

おちつくね!

まりと箱、どっちが好き？

箱！！

みんなといっしょ！

ちょっとくらい窮屈でも
しっぽが踏まれてても‥‥
ここがいい！

みんなといっしょが一番！

アカサビ
なんでもすぐ見つける
頭のいい子

グレー
とってもやきもちやき
こっち見てて！が口ぐせ

赤　毛
陽気な性格
まるで太陽のような存在

毎日、あっちこっちで
とっても楽しそうなあみぐるみ猫たち

ちょっと首をかしげるだけで
かわいい！！

あなたも編んでみませんか‥‥

あみぐるみならではの
かわいい猫たち。

作り方どおりでもいいし
オリジナルでも！！

世界で1匹の、あなたの猫を作りましょう‥‥

お座りポーズの猫を作りましょう！

材料 毛糸[ハマナカボニー]：
白(401) 55g
黒(402) 適量

化繊綿：適量

用具 針：
7.5号かぎ針、とじ針

編み図

頭 A 白・1枚

顔の目の増減の仕方		
16	−8	→ 14
15	−4	→ 22
14	−8	→ 26
13	−8	→ 34
7〜12	±0	→ 42
6	+8	→ 42
5	+8	→ 34
4	+4	→ 26
3	+8	→ 22
2	+6	→ 14
1段め	+5目	→ 8目
作り目	くさり編み3目	

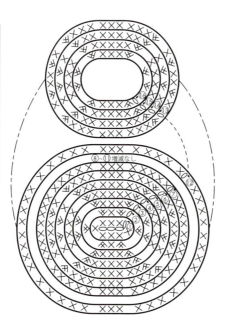

耳 A 白・2枚

耳の目の増やし方		
4	+4	→ 12
3	±0	→ 8
2	+4目	→ 8目
1段め	わの中に細編み4目	

しっぽ A 白・1枚

しっぽの目の減らし方		
6	±0	→ 4
5	−1	→ 4
2〜4	±0目	→ 5目
1段め	わの中に細編み5目	

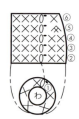

ボディ お座り A 白・1枚

ボディ座りの目の増減の仕方		
13	−6	→ 18
10〜12	±0	→ 24
9	−6	→ 24
7・8	±0	→ 30
6	+6	→ 30
5	±0	→ 24
4	+6	→ 24
3	+6	→ 18
2	+6目	→ 12目
1段め	わの中に細編み6目	

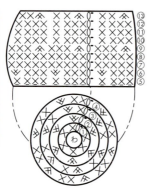

手 A 白・2枚

手の目の減らし方		
8	−2	→ 4
2〜7	±0目	→ 6目
1段め	わの中に細編み6目	

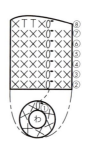

足 A 白・2枚

足の目の減らし方		
6	−2	→ 4
5	−1	→ 6
2〜4	±0目	→ 7目
1段め	わの中に細編み7目	

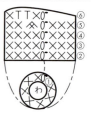

頭を作りましょう！

1 作り目をします

くさり編みの作り目：編み方は 1 ▶ 6

1 指でわを作ります。

2 わの中に指を入れ、糸を引き出します。

3 2の引き出したわに針を通します。

4 糸を引きます。

くさり編みの作り目

5 針に糸をかけます。

6 そのまま引き抜きます。（くさり編みの作り目が1目編めました）

7 5・6をくり返し、3目編めました。

2 1段めを編みます

1 くさり編みを1目編みます。（立ち目です）

細編み：編み方は 2 ▶ 6　　　　　　　　　　　　　　　　　　　　　　　　　　　　　　　　　　　　　　**細編み**

2 2目前の目に針を入れます。

3 針に糸をかけます。

4 糸を引き出します。

5 もう一度針に糸をかけます。

6 そのまま2目引き抜きます。（細編みが1目できました）

細編み3目編み入れる：編み方は 8 ▶ 10

7 次の目に細編みを編みます。

8 次の目に細編みを編みます。

9 もう一度同じ目に細編みを編みます。

10 さらに、同じ目に細編みを編みます。（細編み3目編み入れるが編めました）

11 次の目に細編みを編みます。

細編み2目編み入れる：編み方は 12　　**引き抜き編み：編み方は** 13 ▶ 15

12　次の目に細編みを2目編みます。（細編み2目編み入れるが編めました）

13　はじめの細編みの目に針を入れます。

14　針に糸をかけます。

15　一度に引き抜きます。（引き抜き編みが編めました）

16　1段めが編めました。

3　2段めを編みます。

1　くさり編みを1目編みます。（立ち目です）

2　次の目に細編み2目編み入れるを編みます。

3　次の目に細編みを編みます。

4　細編み2目編み入れると細編みを編み図のとおりに、編みます。

4　3〜6段めを編みます

5　7〜12段めを編みます

5　1段編めたら、はじめの細編みの目に針を入れ、引き抜きます。

1　編み図のとおりに、3段めを編みます。

2　編み図のとおりに、6段めまで編みます。

6　13段めを編みます

細編み2目一度：編み方は 2 ▶ 6

増減なしで、12段めまで編みます。

1　くさり編みを1目編みます。（立ち目です）

2　次の目に針を入れます。

3　糸をかけ、引き抜きます。

細編み2目一度

7 16段めまで編みます

4 次の目に針を入れます。

5 糸をかけ、引き抜きます。

6 針に糸をかけ、一度に引き抜きます。（細編み2目一度が編めました）

7 細編みと細編み2目一度を編み図のとおりにくり返し1段編みます。

編み終わりの仕方：編み方は 2 ▶ 3

1 同様に、16段めまで編みます。

2 糸を切ります。（20cmくらい残します）

3 かぎ針で糸端を引っぱり、引き抜きます。

4 頭のできあがりです。

🐾 耳を作りましょう！

1 わの作り目をし、立ち目を編みます

わの作り目：編み方は 1 ▶ 3　　　　　　　　　　　**くさり編み：編み方は 4**

1 人さし指に糸を3回巻きつけ、わを作ります。

2 わの中に針を入れ、糸をかけます。

3 糸を引き出します。（わの作り目ができました）

4 くさり編みを1目編みます。（立ち目です）

2 1段めを編みます

1 わの中に針を入れ、細編みを編みます。

2 細編みを3目編みます。

3 わを作った糸を引き締めます。

4 はじめに作った細編みの目（★）に針を通します。

33

🐾 ボディを作りましょう！

1 4段めまで編みます

⑤ 糸をかけ、引き抜き、1段めが編めました。

3 4段めまで編みます

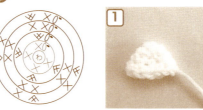

① 編み図のとおりに、4段めまで編み、耳のできあがりです。

② 2つ編みます。

2 5段めを編みます

編み図のとおりに、4段めまで編みます。

① くさり編みを1目編みます。（立ち目です）

すじ編み：編み方は 2 ▶ 3

② 次の目は、向こう側の1本の糸に針を入れます。

③ 糸をかけ、引き抜きます。（すじ編みが編めました）

3 13段目まで編みます

④ すじ編みで5段めを編みます。

編み図のとおりに、13段まで編み、ボディのできあがりです。

🐾 手を作りましょう！

1 7段めまで編みます。

編み図のとおりに、7段めまで編みます。

2 8段めを編みます

① くさり編みと細編みを編みます。

中長編み：編み方は 2 ▶ 4

② 針に糸をかけ、次の目に針を入れます。

③ もう一度糸をかけ、引き抜きます。

④ 針に糸をかけ、一度に引き抜きます。（中長編みが1目できました）

🐾 足を作りましょう！

1 足を2つ編みます

編み図のとおりに、6段めまで編み、足のできあがりです。

2つ編みます。

編み図のとおりに、編みます。

2つ編みます。

🐾 しっぽを作りましょう！

1 しっぽを編みます

編み図のとおりに、6段めまで編み、しっぽのできあがりです。

パーツが全て編めました！

🐾 パーツを組み合わせましょう！

1 ボディに頭をつけます

ボディと頭に綿を入れます。

頭の糸は頭の中に入れます。

ボディの糸に針をつけます。

ボディの後ろ1目をすくいます。

頭の後ろの1目をすくいます。

糸を引き、ボディと頭のとなりの1目をすくいます。

糸を引き、となりの目をすくいます。

⑥・⑦をくり返し、1周します。※頭が14目でボディが18目なので、4目縮めるように縫いつけます。

ボディを2、3針縫って、糸を切ります。

2 耳をつけます

耳の糸に針を通します。

35

2 頭を1針縫います。(8段めの脇の目)

3 糸を引きます。

4 耳の後ろから前に、針を刺します。

5 頭は、前から後ろに刺し、耳を巻きかがるようにつけます。

6 4・5をくり返します。

7 端まで縫いつけたら、糸の始末をします。

8 反対側も同じように、縫いつけます。

3 手をつけます

1 手に綿を入れます。(上1/3は入れません)

2 手の糸に針を通します。

3 ボディを一針縫います。(12段めの中心3目あける)

4 糸を引きます。

5 手とボディを1目すくいます。

6 手のまわりを1周します。

7 手の下から糸を出します。(3段めの後ろ側)

8 ボディを2、3針縫って、糸を切ります。

9 片手がつきました。

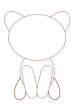
10 反対側も同じように、縫いつけます。

4 足をつけます

1 足に綿を入れます。(上1/3は入れません)

5 しっぽをつけます

② 足を手と同じようにつけます。(7段めの手の位置から1目脇にずらす)

① しっぽに綿を入れます。

② しっぽを手と同じようにつけます。(6段めの後ろ中心)

🐾 顔を刺しゅうしましょう！

1 毛糸(黒)で刺しゅうをします

① 毛糸を切ってよりを解き、2/3取り、針をつけます。

② 首の下から針を刺します。

③ 目の位置の上から針を出します。

④ 糸を引き、目の下と上の位置に針を刺します。くり返し、サテンステッチで目を刺しゅうします。

⑤ 首の下に針を出し、糸を切ります。

⑥ 同じようにもう片方の目と鼻を刺しゅうします。

⑦ 口は糸1/3をバックステッチで刺します。

⑧ ひげは糸の太さはそのままで、ストレートステッチで刺します。

⑨ できあがりです！

図案

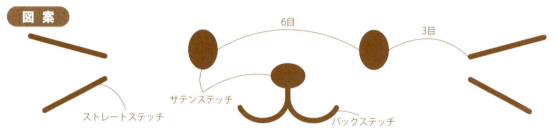

6目　3目
サテンステッチ
ストレートステッチ
バックステッチ

[サテンステッチ]

[バックステッチ]

[ストレートステッチ]

37

寝そべりポーズの猫を作りましょう！

材料 毛糸[ハマナカボニー]：
茶(483) 55g
こげ茶(419) 少々

化繊綿：適量

用具 針：
7.5号かぎ針、とじ針

編み図

頭 C 茶・1枚

顔の目の増減の仕方		
17	−6	→ 8
16	−8	→ 14
15	−4	→ 22
14	−8	→ 26
13	−8	→ 34
7〜12	±0	→ 42
6	+8	→ 42
5	+8	→ 34
4	+4	→ 26
3	±0	→ 22
2	+6	→ 14
1段め	+5目	→ 8目
作り目	くさり編み3目	

耳 A 茶・2枚

耳の目の増やし方		
4	+4	→ 12
3	±0	→ 8
2	+4目	→ 8目
1段め	わの中に細編み4目	

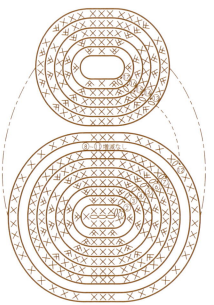

しっぽ E 茶・1枚

しっぽの目の増やし方		
3〜8	±0	→ 6
2	+2目	→ 6目
1段め	わの中に細編み4目	

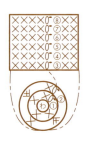

ボディ 寝そべり A 茶・1枚

ボディ寝そべりの目の増減の仕方		
33	−6	→ 5
27〜32	±0	→ 10
26	−2	→ 10
25	±0	→ 12
	ボディから12目ずつ拾う	
10〜24	±0	→ 24
	両手から12目ずつ拾う	
9	+2目	→ 12
3〜8	±0	→ 10
2	+5目	→ 10目
1段め	わの中に細編み5目	

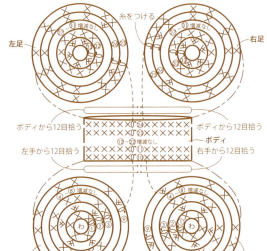

🐾 頭を作りましょう！

1 頭を編みます

お座りポーズの7-1まで(P.31〜33)と、同じように編みます。

そこから、もう1段編みます。

綿を入れます。

編み終り口のまわりを縫います。

糸をしぼります。

糸を結び、糸端の始末をし、顔のできあがりです。

🐾 耳を作りましょう！

1 耳を編みます

耳をお座りポーズの3-2まで(P.33・34)と、同じように編みます。

🐾 しっぽを作りましょう！

1 しっぽを編みます

編み図のとおりに、8段めまで編み、しっぽのできあがりです。

🐾 手、ボディを作りましょう！

1 手、ボディを編みます

右手を編み図のとおりに、9段めまで編んでおきます。

左手を編み図のとおりに、10段めの12目まで編みます。

右手の9段めの1目めに針を入れます。(10段めの13目になります)

続けて細編みを編みます。

10段めの12目まで編みます。(左右で24目編めました)

10段めの1目めに針を入れます。

引き抜きます。(10段めから、ボディになります)

足を作りましょう！

1 足を編みます

8 そのまま、24段めまで編みます。

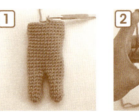
1 左足の25段め12目まで編みます。

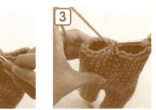
2 25段めの1目めに針を入れます。

3 引き抜きます。

4 編み図のとおりに左足を編みます。

5 糸の始末をします。

6 綿を入れます。

糸のつけ方：つけ方は 7▶9

7 25段めの13目めに針を入れます。

8 新しい糸を針にかけます。

糸のつけ方

9 そのまま引き抜きます。

10 くさり編みを編みます。(立ち目です)

11 13目めに細編みを編みます。

12 1周し、はじめの細編みの目に針を入れます。

13 引き抜き、右足の25段めが編めました。

14 最後の33段めまで編み、綿を入れます。

15 糸の始末をします。

パーツが全て編めました！

🐾 頭を作りましょう！

1 耳をつけ、毛糸（こげ茶）で刺しゅうをします

お座りポーズ(P.35)と同じように耳をつけ、(P.37)と同じように刺しゅうします。

🐾 頭をボディにつけましょう。

頭をボディにつけます

 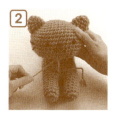

[1] 新しい糸を針につけ、ボディを1針縫います。

[2] 頭をのせ、頭を1針縫います。

🐾 しっぽをつけましょう！

1 ボディにしっぽをつけます

[3] ボディ、頭をくり返し刺します。

[4] ぐるっと1周、縫いつけます。

[5] 12目くらい縫いつけます。

[1] しっぽに綿を入れます。

[2] しっぽを縫いつけます。

[3] できあがりです。

猫たちを動かすには‥‥

自由自在に動く寝そべりポーズ 実は‥‥4本立ちにもなります。

その秘密は、アルミワイヤー！

 ハマナカ手芸用アルミワイヤー

先を丸めた直径3mmのワイヤーを綿といっしょに入れるだけ！ぜひ、猫たちを動かしてみてください。

アルミワイヤー 20cm

先を曲げる

4本立ちポーズの猫を作りましょう！

材料 毛糸[ハマナカボニー]：
グレー(486) 55g
白(401)・濃いグレー(481)・
黒(402) 各適量

化繊綿：適量

用具 針：
7.5号かぎ針
とじ針

編み図

頭 C グレー・1枚

頭の目の増減の仕方		
17	−6	→ 8
16	−8	→ 14
15	−4	→ 22
14	−8	→ 26
13	−8	→ 34
7〜12	±0	→ 42
6	+8	→ 42
5	+8	→ 34
4	+4	→ 26
3	+8	→ 22
2		→ 14
1段め	+5目	→ 8目
作り目	くさり編み3目	

耳 A グレー・2枚

耳の目の増やし方		
4	+4	→ 12
3	±0	→ 8
2	+4目	→ 8目
1段め	わの中に細編み4目	

耳の中 A 濃いグレー・2枚

口のもよう B 白・1枚

口のもようの目の増やし方		
2	+6目	→ 12
1段め	わの中に細編み6目	

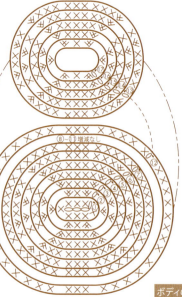

しっぽ E グレー・1枚

しっぽの目の増やし方		
3〜8	±0	→ 6
2	+2目	→ 6目
1段め	わの中に細編み4目	

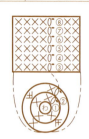

ボディ 4本立ち A グレー・1枚

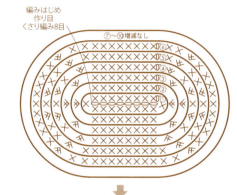

ボディの目の増減の仕方		
7〜10	±0	→ 50
6	+4	→ 50
5	+8	→ 46
4	+8	→ 38
3	+8	→ 30
2	+4	→ 22
1段め	+10	→ 18
作り目	くさり編み8目	

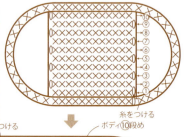

足 4本立ち A グレー・4枚

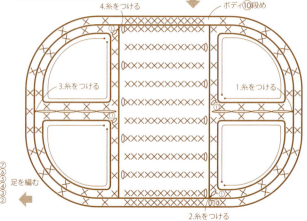

🐾 パーツを作りましょう！

1 顔を作ります

① お座りポーズの7-①まで(P.31〜33)と、同じように編みます。

② そこから、もう1段編みます。

③ 綿を入れます。

④ 編み終り口のまわりを縫い、糸をしぼります。

⑤ 頭のできあがりです。

2 頭のパーツを作ります

① 口のもようを編み図のとおりに編みます。

② 耳、耳の中を編み図のとおりに編みます。

③ 耳に耳の中を縫いつけます。

3 しっぽを作ります

編み図のとおりに編みます。

4 ボディを作ります

① くさり編みを9目編みます。（1目は立ち目です）

② 2目手前の目に針を入れ、細編みを編みます。

③ 編み図のとおりに1段編みます。

④ 編み図のとおりに6段めまで編みます。

⑤ 7〜10段めまでは、増減なしに編みます。

⑥ 12目編みます。

⑦ 引っくり返して、立ち目を編みます。

43

5 足を作ります

8
12目編みます。

9
6～8をくり返し、10段編み、糸を切ります。（30cm）

10
糸に針をつけ、反対側にとじつけ、おなかを作ります。

11
とじたら、糸端の始末をします。

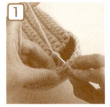
1
前の中心に針を入れ、糸をかけます。

2
引き抜きます。

3
くさり編みを4目編みます。

4
おなかの5段めと6段めの間に針を入れます。

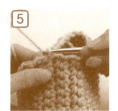
5
糸を引き抜きます。

6
立ち目を編みます。

7
5目編みます。（おなかから）

8
6目編みます。（体から）

9
4目編みます。（3の足の間の4目から）

10
はじめの細編みの目に引き抜き、1段が編めました。

11
編み図のとおりに7段編み、足ができました。

12
同じように、足を2本編みます。

13
綿を入れます。

14
4本目の足を編み、綿を入れます。

15
足の先をとじ、糸の始末をします。

6 顔を作ります

1 耳をお座りポーズの2-8まで(P.35・36)と、同じように縫いつけます。

2 口のもようを縫いつけます。(9段めの頭の中心)

3 お座りポーズ(P.37)と、同じように毛糸(黒)で刺しゅうします。

7 頭としっぽをつけます

1 頭をボディに寝そべりポーズの(P.41)と、同じように縫いつけます。

2 しっぽを寝そべりポーズの(P.41)と、同じように縫いつけます。

3 できあがりです！

糸端の取り方

1 毛糸玉の中心に指を入れ、中心の糸を取ります。

2 取り出します。

3 糸端を取り出します。

針と糸の持ち方

1 左手に糸を写真のようにかけます。

2 人さし指を立てて、糸端を中指と親指で糸をつまむように持ちます。

3 右手は鉛筆を持つように持ちます。

立ちポーズの猫を作りましょう！

材料 毛糸[ハマナカボニー]：
黒(402) 55g
濃いグレー(481) 適量

用具 針：
7.5号かぎ針、とじ針

化繊綿：適量

編み図

頭 A 黒・1枚

頭の目の増減の仕方

16	−8	→ 14
15	−4	→ 22
14	−8	→ 26
13	−8	→ 34
7~12	±0	→ 42
6	+8	→ 42
5	+8	→ 34
4	+4	→ 26
3	+8	→ 22
2	+6	→ 14
1段め	+5目	→ 8目
作り目	くさり編み3目	

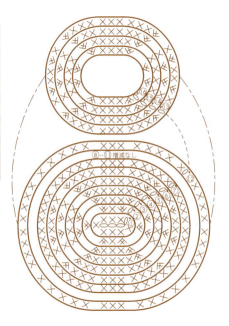

耳 A 黒・2枚

耳の目の増やし方

4	+4	→ 12
3	±0	→ 8
2	+4目	→ 8目
1段め	わの中に細編み4目	

手 E 黒・2枚

手の目の増やし方

3~10	±0	→ 10
2	+5目	→ 10目
1段め	わの中に細編み5目	

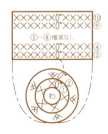

ボディ 立ち A 黒・1枚

ボディ立ちの目の増減の仕方

20	−6	→ 18
7~19	±0	→ 24
	両手から12目ずつ拾う	
6	+2目	→ 12
3~5	±0	→ 10
2	+5目	→ 10目
1段め	わの中に細編み5目	

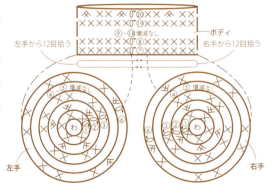

しっぽ E 黒・1枚

しっぽの目の増やし方

3~8	±0	→ 6
2	+2目	→ 6目
1段め	わの中に細編み4目	

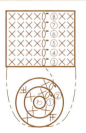

🐾 パーツを作りましょう！

1 頭を作ります

お座りポーズの7-1まで(P.31〜33)と、同じように編み、そこから、もう1段編みます。

2 耳を作ります

耳をお座りポーズの3-2まで(P.33・34)と、同じように編みます。

3 ボディを作ります

4 手としっぽを作ります

寝そべりポーズ(P.39・40)と同じように、あみ図のとおりに編み、最後の段で減らし目をします。

1 手を編み図のとおりに編みます。

2 しっぽを編み図のとおりに編みます。

パーツが全て編めました！

🐾 パーツを組み合わせましょう！

1 ボディに頭をつけます

ボディと頭に綿を入れ、お座りポーズの(P.35)と、同じように縫いつけます。

2 耳をつけます

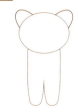

耳をお座りポーズの(P.35・36)と、同じように縫いつけます。

3 手をつけます

1 手に綿を入れます。

2 手をお座りポーズの(P.36)と、同じように縫いつけます。
(17段めの両脇)

47

4 しっぽをつけます

1
しっぽに綿を入れます。

2
しっぽをお座りポーズの(P.37)と、同じように縫いつけます。（7段めの後ろ中心）

 顔を刺しゅうしましょう！

1 毛糸（グレー・黒）で刺しゅうをします

1
毛糸のよりを解き、2/3を針につけ、目はサテンステッチを黒で、目のまわりは1/3で細かくバックステッチをグレーで刺します。

2
2/3の糸で、鼻をサテンステッチで、口はバックステッチをグレーで刺します。

3
ひげは糸の太さはそのままで、ストレートステッチを黒で刺します。

4
できあがりです！

P.22 白猫（立ちポーズ）

材料 毛糸[ハマナカボニー]：
白(401) 55g　黒(402) 適量
化繊綿：適量

用具 針：7.5号かぎ針、とじ針

編み図・図案

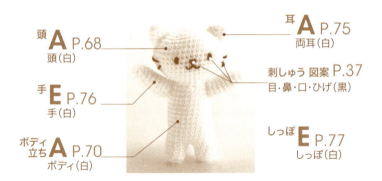

頭 **A** P.68　頭(白)

耳 **A** P.75　両耳(白)

手 **E** P.76　手(白)

刺しゅう 図案 P.37　目・鼻・口・ひげ(黒)

ボディ立ち **A** P.70　ボディ(白)

しっぽ **E** P.77　しっぽ(白)

作り方インデックス

マナちゃん

(お座りポーズ) P.50
(立ちポーズ) P.50

ユウくん

(お座りポーズ) P.51
(4本立ちポーズ) P.51
(寝そべりポーズ) P.67
(立ちポーズ) P.67

三毛猫

(お座りポーズ) P.52
(寝そべりポーズ) P.52

くまさんみたいな茶猫

(お座りポーズ) P.53
(寝そべりポーズ) P.53

クリーム

(お座りポーズ) P.54
(寝そべりポーズ) P.54

茶猫

(お座りポーズ) P.55
(寝そべりポーズ) P.38

サバトラ

(お座りポーズ) P.56
(4本立ちポーズ) P.56

スコティッシュ

(お座りポーズ) P.57
(寝そべりポーズ) P.57

茶トラ

(お座りポーズ) P.58
(寝そべりポーズ) P.58

ウシブチ

(寝そべりポーズ) P.59

チンチラ

(お座りポーズ) P.59

こげ茶

(お座りポーズ) P.60
(寝そべりポーズ) P.60

雑種

(お座りポーズ) P.61

太っちょ

(お座りポーズ) P.61

黒猫

(お座りポーズ) P.62
(4本立ちポーズ) P.62
(寝そべりポーズ) P.63
(立ちポーズ) P.46

シャム猫

(お座りポーズ) P.63

白猫

(お座りポーズ) P.30
(寝そべりポーズ) P.64
(立ちポーズ) P.48

アカサビ

(寝そべりポーズ) P.64

赤毛

(お座りポーズ) P.65
(寝そべりポーズ) P.65

グレー

(お座りポーズ) P.66
(4本立ちポーズ) P.42
(寝そべりポーズ) P.66

P.6 マナちゃん(お座りポーズ)

材料 毛糸[ハマナカボニー]：
白(401) 55g 黒(402) 10g
化繊綿：適量

用具 針：7.5号かぎ針、とじ針

編み図・図案

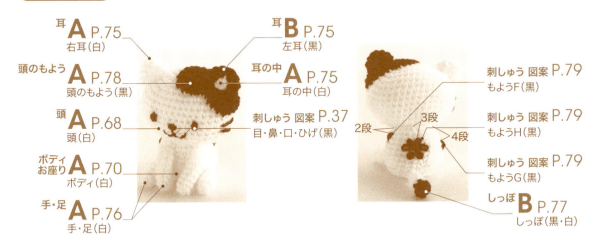

耳 **A** P.75 右耳(白)
耳 **B** P.75 左耳(黒)
耳の中 **A** P.75 耳の中(白)
頭のもよう **A** P.78 頭のもよう(黒)
頭 **A** P.68 頭(白)
刺しゅう 図案 P.37 目・鼻・口・ひげ(黒)
ボディお座り **A** P.70 ボディ(白)
手・足 **A** P.76 手・足(白)
刺しゅう 図案 P.79 もようF(黒)
2段 3段 4段
刺しゅう 図案 P.79 もようH(黒)
刺しゅう 図案 P.79 もようG(黒)
しっぽ **B** P.77 しっぽ(黒・白)

P.7 マナちゃん(立ちポーズ)

材料 毛糸[ハマナカボニー]：
白(401) 55g 黒(402) 10g
化繊綿：適量

用具 針：7.5号かぎ針、とじ針

編み図・図案

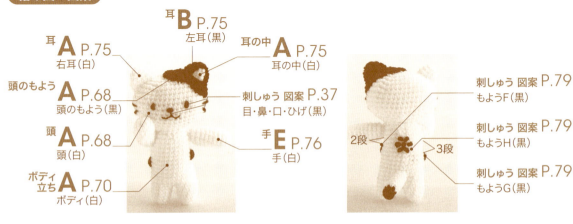

耳 **A** P.75 右耳(白)
耳 **B** P.75 左耳(黒)
耳の中 **A** P.75 耳の中(白)
頭のもよう **A** P.68 頭のもよう(黒)
頭 **A** P.68 頭(白)
刺しゅう 図案 P.37 目・鼻・口・ひげ(黒)
手 **E** P.76 手(白)
ボディ立ち **A** P.70 ボディ(白)
しっぽ **F** P.77 もよう(白・黒)
刺しゅう 図案 P.79 もようF(黒)
2段 3段
刺しゅう 図案 P.79 もようH(黒)
刺しゅう 図案 P.79 もようG(黒)

P.6 ユウくん(お座りポーズ)

材料 毛糸[ハマナカボニー]：
黒(402) 55g　白(401) 20g
化繊綿：適量

用具 針：7.5号かぎ針、とじ針

編み図・図案

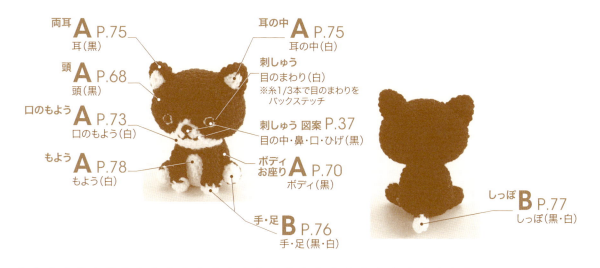

- 両耳 **A** P.75　耳(黒)
- 頭 **A** P.68　頭(黒)
- 口のもよう **A** P.73　口のもよう(白)
- もよう **A** P.78　もよう(白)
- 耳の中 **A** P.75　耳の中(白)
- 刺しゅう　目のまわり(白)　※糸1/3本で目のまわりをバックステッチ
- 刺しゅう 図案 P.37　目の中・鼻・口・ひげ(黒)
- ボディ お座り **A** P.70　ボディ(黒)
- 手・足 **B** P.76　手・足(黒・白)
- しっぽ **B** P.77　しっぽ(黒・白)

P.7 ユウくん(4本立ちポーズ)

材料 毛糸[ハマナカボニー]：
黒(402) 65g　白(401) 25g
化繊綿：適量

用具 針：7.5号かぎ針、とじ針

編み図・図案

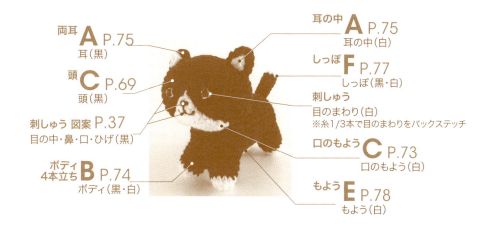

- 両耳 **A** P.75　耳(黒)
- 頭 **C** P.69　頭(黒)
- 刺しゅう 図案 P.37　目の中・鼻・口・ひげ(黒)
- ボディ 4本立ち **B** P.74　ボディ(黒・白)
- 耳の中 **A** P.75　耳の中(白)
- しっぽ **F** P.77　しっぽ(黒・白)
- 刺しゅう　目のまわり(白)　※糸1/3本で目のまわりをバックステッチ
- 口のもよう **C** P.73　口のもよう(白)
- もよう **E** P.78　もよう(白)

P.8 三毛猫（寝そべりポーズ）

材料 毛糸[ハマナカボニー]：
白(401) 55g　黒(402) 10g
茶(480) 10g
化繊綿：適量

用具 針：7.5号かぎ針、とじ針

編み図・図案

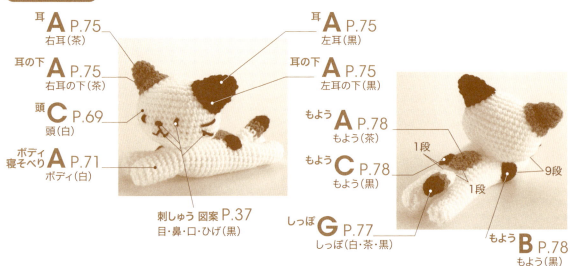

耳 **A** P.75　右耳(茶)
耳 **A** P.75　左耳(黒)
耳の下 **A** P.75　右耳の下(茶)
耳の下 **A** P.75　左耳の下(黒)
頭 **C** P.69　頭(白)
ボディ 寝そべり **A** P.71　ボディ(白)
刺しゅう図案 P.37　目・鼻・口・ひげ(黒)
もよう **A** P.78　もよう(茶)　1段
もよう **C** P.78　もよう(黒)　1段　9段
しっぽ **G** P.77　しっぽ(白・茶・黒)
もよう **B** P.78　もよう(黒)

P.9 三毛猫（お座りポーズ）

材料 毛糸[ハマナカボニー]：
白(401) 55g　黒(402) 10g
茶(480) 10g
化繊綿：適量

用具 針：7.5号かぎ針、とじ針

編み図・図案

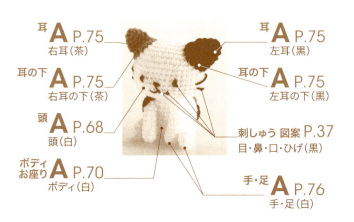
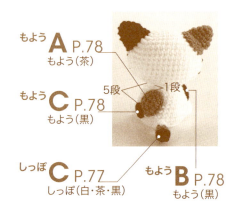

耳 **A** P.75　右耳(茶)
耳 **A** P.75　左耳(黒)
耳の下 **A** P.75　右耳の下(茶)
耳の下 **A** P.75　左耳の下(黒)
頭 **A** P.68　頭(白)
ボディ お座り **A** P.70　ボディ(白)
刺しゅう図案 P.37　目・鼻・口・ひげ(黒)
手・足 **A** P.76　手・足(白)
もよう **A** P.78　もよう(茶)
もよう **C** P.78　もよう(黒)　5段　1段
しっぽ **C** P.77　しっぽ(白・茶・黒)
もよう **B** P.78　もよう(黒)

P.8 くまさんみたいな茶猫（お座りポーズ）

材料 毛糸[ハマナカボニー]：
茶(480) 55g　濃い茶(419) 10g
ベージュ(417) 適量　黒(402) 適量
化繊綿：適量

用具 針：7.5号かぎ針、とじ針

編み図・図案

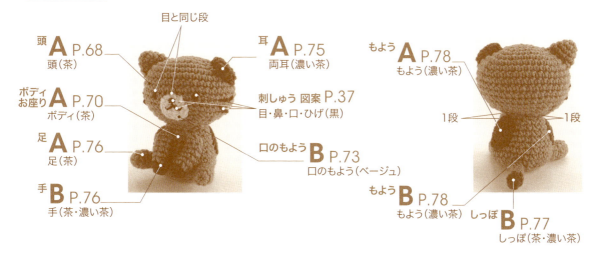

- 頭 **A** P.68　頭(茶)
- ボディ お座り **A** P.70　ボディ(茶)
- 足 **A** P.76　足(茶)
- 手 **B** P.76　手(茶・濃い茶)
- 目と同じ段
- 耳 **A** P.75　両耳(濃い茶)
- 刺しゅう 図案 P.37　目・鼻・口・ひげ(黒)
- 口のもよう **B** P.73　口のもよう(ベージュ)
- もよう **A** P.78　もよう(濃い茶)
- 1段
- もよう **B** P.78　もよう(濃い茶)
- しっぽ **B** P.77　しっぽ(茶・濃い茶)

P.8 くまさんみたいな茶猫（寝そべりポーズ）

材料 毛糸[ハマナカボニー]：
茶(480) 65g　濃い茶(419) 10g
ベージュ(417) 適量　黒(402) 適量
化繊綿：適量

用具 針：7.5号かぎ針、とじ針

編み図・図案

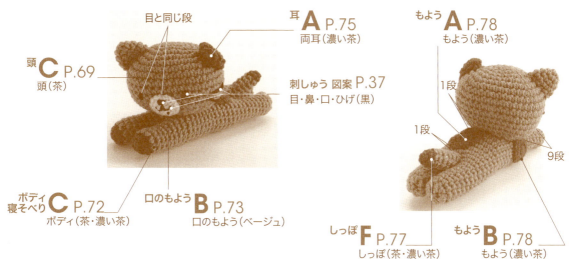

- 頭 **C** P.69　頭(茶)
- ボディ 寝そべり **C** P.72　ボディ(茶・濃い茶)
- 目と同じ段
- 耳 **A** P.75　両耳(濃い茶)
- 刺しゅう 図案 P.37　目・鼻・口・ひげ(黒)
- 口のもよう **B** P.73　口のもよう(ベージュ)
- もよう **A** P.78　もよう(濃い茶)
- 1段
- 1段
- 9段
- しっぽ **F** P.77　しっぽ(茶・濃い茶)
- もよう **B** P.78　もよう(濃い茶)

P.11 クリーム（寝そべりポーズ）

材料 毛糸[ハマナカボニー]：
クリーム(478) 65g
茶(418)・黒(402) 各適量
化繊綿：適量

用具 針：7.5号かぎ針、とじ針

編み図・図案

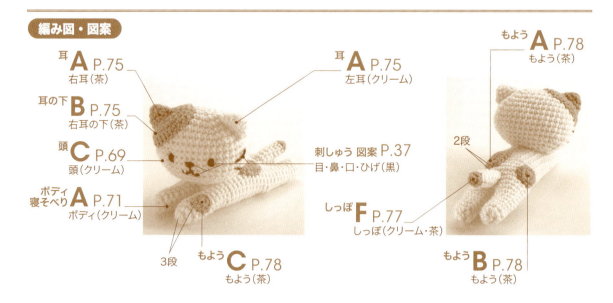

- 耳 A P.75 右耳(茶)
- 耳の下 B P.75 右耳の下(茶)
- 頭 C P.69 頭(クリーム)
- ボディ 寝そべり A P.71 ボディ(クリーム)
- 耳 A P.75 左耳(クリーム)
- 刺しゅう 図案 P.37 目・鼻・口・ひげ(黒)
- 3段
- もよう C P.78 もよう(茶)
- もよう A P.78 もよう(茶)
- 2段
- しっぽ F P.77 しっぽ(クリーム・茶)
- もよう B P.78 もよう(茶)

P.13 クリーム（お座りポーズ）

材料 毛糸[ハマナカボニー]：
クリーム(478) 55g
茶(418)・黒(402) 各適量
化繊綿：適量

用具 針：7.5号かぎ針、とじ針

編み図・図案

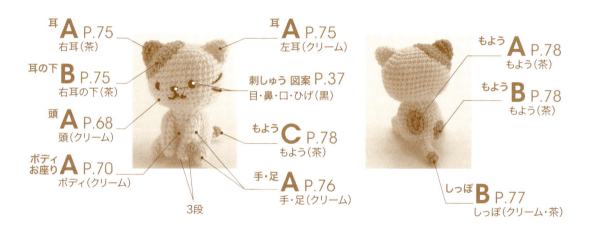

- 耳 A P.75 右耳(茶)
- 耳の下 B P.75 右耳の下(茶)
- 頭 A P.68 頭(クリーム)
- ボディ お座り A P.70 ボディ(クリーム)
- 耳 A P.75 左耳(クリーム)
- 刺しゅう 図案 P.37 目・鼻・口・ひげ(黒)
- もよう C P.78 もよう(茶)
- 手・足 A P.76 手・足(クリーム)
- 3段
- もよう A P.78 もよう(茶)
- もよう B P.78 もよう(茶)
- しっぽ B P.77 しっぽ(クリーム・茶)

P.11 茶猫（寝そべりポーズ）

材料 毛糸[ハマナカボニー]：
茶(483) 55g　濃い茶(419) 適量
化繊綿：適量

用具 針：7.5号かぎ針、とじ針

編み図・図案

耳 **A** P.75　両耳（茶）
頭 **C** P.69　頭（茶）
ボディ 寝そべり **A** P.71　ボディ（茶）
しっぽ **E** P.77　しっぽ（茶）
刺しゅう 図案 P.37　目・鼻・口・ひげ（濃い茶）

P.18 茶猫（お座りポーズ）

材料 毛糸[ハマナカボニー]：
茶(483) 55g　濃い茶(419) 適量
化繊綿：適量

用具 針：7.5号かぎ針、とじ針

編み図・図案

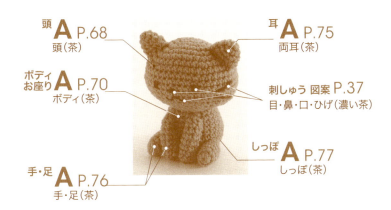

頭 **A** P.68　頭（茶）
ボディ お座り **A** P.70　ボディ（茶）
手・足 **A** P.76　手・足（茶）
耳 **A** P.75　両耳（茶）
刺しゅう 図案 P.37　目・鼻・口・ひげ（濃い茶）
しっぽ **A** P.77　しっぽ（茶）

P.11 サバトラ(4本立ちポーズ)

材料 毛糸[ハマナカボニー]：
グレー(481) 65g
黒(402) 30g　白(401) 適量
化繊綿：適量

用具 針：7.5号かぎ針、とじ針

編み図・図案

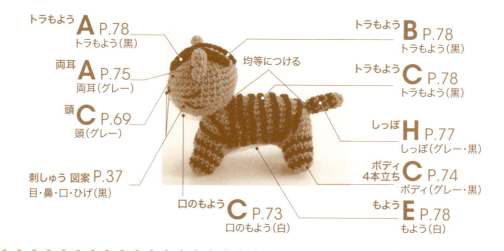

- トラもよう **A** P.78　トラもよう(黒)
- 両耳 **A** P.75　両耳(グレー)
- 頭 **C** P.69　頭(グレー)
- 刺しゅう 図案 P.37　目・鼻・口・ひげ(黒)
- 口のもよう **C** P.73　口のもよう(白)
- トラもよう **B** P.78　トラもよう(黒)
- トラもよう **C** P.78　トラもよう(黒)
- しっぽ **H** P.77　しっぽ(グレー・黒)
- ボディ 4本立ち **C** P.74　ボディ(グレー・黒)
- もよう **E** P.78　もよう(白)
- 均等につける

P.18 サバトラ(お座りポーズ)

材料 毛糸[ハマナカボニー]：
グレー(481) 55g
黒(402) 20g　白(401) 適量
化繊綿：適量

用具 針：7.5号かぎ針、とじ針

編み図・図案

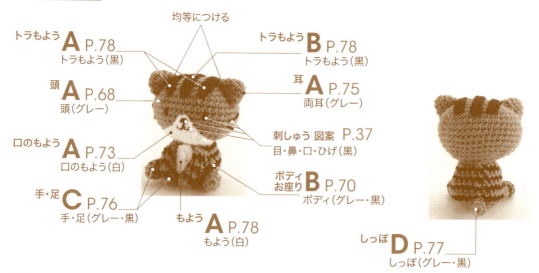

- トラもよう **A** P.78　トラもよう(黒)
- 頭 **A** P.68　頭(グレー)
- 口のもよう **A** P.73　口のもよう(白)
- 手・足 **C** P.76　手・足(グレー・黒)
- 均等につける
- トラもよう **B** P.78　トラもよう(黒)
- 耳 **A** P.75　両耳(グレー)
- 刺しゅう 図案 P.37　目・鼻・口・ひげ(黒)
- ボディ お座り **B** P.70　ボディ(グレー・黒)
- もよう **A** P.78　もよう(白)
- しっぽ **D** P.77　しっぽ(グレー・黒)

P.13 スコティッシュ（お座りポーズ）

材料 毛糸[ハマナカボニー]：
グレー(486) 55g
白(401)・黒(402) 各適量
化繊綿：適量

用具 針：7.5号かぎ針、とじ針

編み図・図案

頭 **B** P.68 頭(グレー・白)
ボディ お座り **A** P.70 ボディ(グレー)
手・足 **D** P.76 手・足(白・グレー)
耳 **A** P.75 両耳(グレー)
刺しゅう 図案 P.37 目・鼻・口・ひげ(黒)
しっぽ **A** P.77 しっぽ(白)

P.13 スコティッシュ（寝そべりポーズ）

材料 毛糸[ハマナカボニー]：
グレー(486) 65g
白(401)・黒(402) 各適量
化繊綿：適量

用具 針：7.5号かぎ針、とじ針

編み図・図案

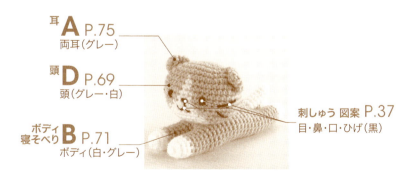

耳 **A** P.75 両耳(グレー)
頭 **D** P.69 頭(グレー・白)
ボディ 寝そべり **B** P.71 ボディ(白・グレー)
刺しゅう 図案 P.37 目・鼻・口・ひげ(黒)
しっぽ **E** P.77 しっぽ(白)

P.15 茶トラ（寝そべりポーズ）

材料 毛糸[ハマナカボニー]：
茶(418) 65g 濃い茶(480) 30g
白(401) 適量 黒(402) 適量
化繊綿：適量

用具 針：7.5号かぎ針、とじ針

編み図・図案

- トラもよう **A** P.78 トラもよう(濃い茶)
- 頭 **C** P.69 頭(茶)
- 刺しゅう図案 P.37 目・鼻・口・ひげ(黒)
- 均等につける
- トラもよう **B** P.78 トラもよう(濃い茶)
- しっぽ **H** P.77 しっぽ(茶・濃い茶)
- 両耳 **A** P.75 両耳(茶)
- ボディ 寝そべり **D** P.72 ボディ(茶・濃い茶)
- もよう **A** P.78 もよう(白)
- 4段

P.13 茶トラ（お座りポーズ）

材料 毛糸[ハマナカボニー]：
茶(418) 55g 濃い茶(480) 20g
白(401) 適量 黒(402) 適量
化繊綿：適量

用具 針：7.5号かぎ針、とじ針

編み図・図案

- トラもよう **A** P.78 トラもよう(濃い茶)
- 頭 **A** P.68 頭(茶)
- ボディ お座り **B** P.70 ボディ(茶・濃い茶)
- 手・足 **C** P.76 手・足(茶・濃い茶)
- 均等につける
- トラもよう **B** P.78 トラもよう(濃い茶)
- 耳 **A** P.75 両耳(茶)
- 刺しゅう図案 P.37 目・鼻・口・ひげ(黒)
- もよう **A** P.78 もよう(白)
- しっぽ **D** P.77 しっぽ(茶・濃い茶)

P.16 チンチラ（お座りポーズ）

材料 毛糸[ハマナカモノループ]：ベージュ(417) 65g
[ハマナカボニー]：黒(402) 適量
化繊綿：適量

用具 針：7.5号かぎ針、とじ針

編み図・図案

- 頭 **A** P.68 頭（ベージュ）
- ボディ お座り **A** P.70 ボディ（ベージュ）
- 手・足 **A** P.76 手・足（ベージュ）
- 耳 **A** P.75 両耳（ベージュ）
- 刺しゅう 図案 P.37 目・鼻・口・ひげ（黒）
- しっぽ **A** P.77 しっぽ（ベージュ）

P.16 ウシブチ（寝そべりポーズ）

材料 毛糸[ハマナカボニー]：
白(401) 65g 黒(402) 20g
化繊綿：適量

用具 針：7.5号かぎ針、とじ針

編み図・図案

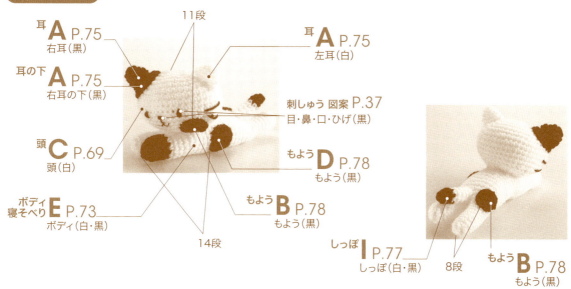

- 耳 **A** P.75 右耳（黒）
- 耳の下 **A** P.75 右耳の下（黒）
- 頭 **C** P.69 頭（白）
- ボディ 寝そべり **E** P.73 ボディ（白・黒）
- 11段
- 耳 **A** P.75 左耳（白）
- 刺しゅう 図案 P.37 目・鼻・口・ひげ（黒）
- もよう **D** P.78 もよう（黒）
- もよう **B** P.78 もよう（黒）
- 14段
- しっぽ **I** P.77 しっぽ（白・黒）
- 8段
- もよう **B** P.78 もよう（黒）

P.16 こげ茶(寝そべりポーズ)

材料 毛糸[ハマナカラブボニー]：
こげ茶(119) 45g
黒(120) 10g　白(125) 適量
化繊綿：適量

用具 針：5号かぎ針、とじ針

編み図・図案

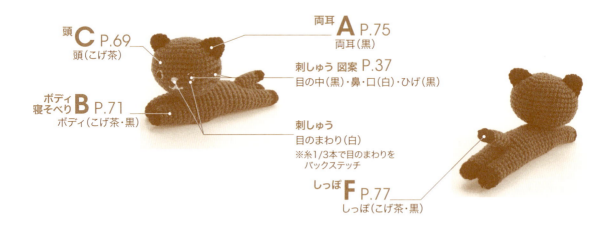

頭 **C** P.69
頭(こげ茶)

両耳 **A** P.75
両耳(黒)

刺しゅう 図案 P.37
目の中(黒)・鼻・口(白)・ひげ(黒)

ボディ
寝そべり **B** P.71
ボディ(こげ茶・黒)

刺しゅう
目のまわり(白)
※糸1/3本で目のまわりを
バックステッチ

しっぽ **F** P.77
しっぽ(こげ茶・黒)

P.17 こげ茶(お座りポーズ)

材料 毛糸[ハマナカラブボニー]：
こげ茶(119) 45g
黒(120) 10g　白(125) 適量
化繊綿：適量

用具 針：5号かぎ針、とじ針

編み図・図案

頭 **A** P.68
頭(こげ茶)

両耳 **A** P.75
両耳(黒)

ボディ
お座り **A** P.70
ボディ(こげ茶)

刺しゅう 図案 P.37
目の中(黒)・鼻・口(白)・ひげ(黒)

手・足 **D** P.76
手・足(こげ茶・黒)

刺しゅう
目のまわり(白)
※糸1/3本で目のまわりを
バックステッチ

しっぽ **B** P.77
しっぽ(こげ茶・黒)

P.20 雑種（お座りポーズ）

材料 毛糸[ハマナカボニー]：
白(401) 00g
グレー(481)・クリーム(478) 適量・
茶(418)・黒(402) 各適量
化繊綿：適量

用具 針：7.5号かぎ針、とじ針

編み図・図案

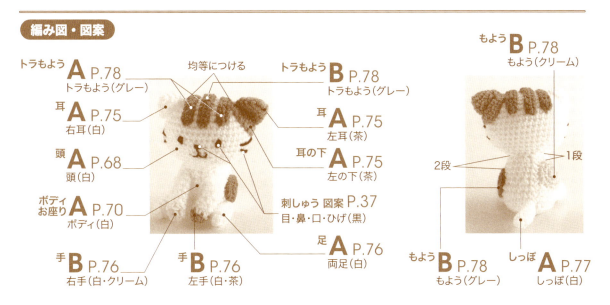

- トラもよう A P.78 トラもよう(グレー)
- 均等につける
- トラもよう B P.78 トラもよう(グレー)
- もよう B P.78 もよう(クリーム)
- 耳 A P.75 右耳(白)
- 耳 A P.75 左耳(茶)
- 頭 A P.68 頭(白)
- 耳の下 A P.75 左の下(茶)
- 2段
- 1段
- ボディお座り A P.70 ボディ(白)
- 刺しゅう 図案 P.37 目・鼻・口・ひげ(黒)
- 手 B P.76 右手(白・クリーム)
- 手 B P.76 左手(白・茶)
- 足 A P.76 両足(白)
- もよう B P.78 もよう(グレー)
- しっぽ A P.77 しっぽ(白)

P.20 太っちょ（お座りポーズ）

材料 毛糸[ハマナカラブボニー]：
茶(122) 80g　黒(125) 適量
化繊綿：適量

用具 針：10号かぎ針、とじ針

編み図・図案

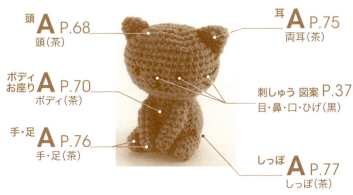

- 頭 A P.68 頭(茶)
- 耳 A P.75 両耳(茶)
- ボディお座り A P.70 ボディ(茶)
- 刺しゅう 図案 P.37 目・鼻・口・ひげ(黒)
- 手・足 A P.76 手・足(茶)
- しっぽ A P.77 しっぽ(茶)

※2本の糸を合わせて編む

P.22 黒猫(お座りポーズ)

材料 毛糸[ハマナカボニー]:
黒(402) 55g
グレー(481)・白(401) 各適量
化繊綿:適量

用具 針:7.5号かぎ針、とじ針

編み図・図案

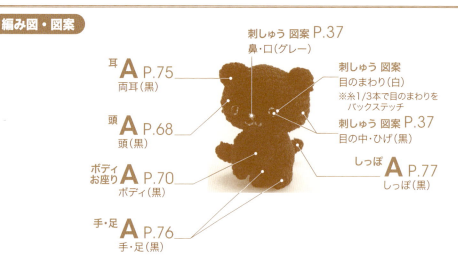

- 耳 **A** P.75 両耳(黒)
- 頭 **A** P.68 頭(黒)
- ボディ お座り **A** P.70 ボディ(黒)
- 手・足 **A** P.76 手・足(黒)
- 刺しゅう 図案 P.37 鼻・口(グレー)
- 刺しゅう 図案 目のまわり(白) ※糸1/3本で目のまわりをバックステッチ
- 刺しゅう 図案 P.37 目の中・ひげ(黒)
- しっぽ **A** P.77 しっぽ(黒)

P.22 黒猫(4本立ちポーズ)

材料 毛糸[ハマナカボニー]:
黒(402) 65g
グレー(481)・白(401) 各適量
化繊綿:適量

用具 針:7.5号かぎ針、とじ針

編み図・図案

- 耳 **A** P.75 両耳(黒)
- 頭 **C** P.69 頭(黒)
- ボディ 4本立ち **A** P.74 ボディ(黒)
- しっぽ **E** P.77 しっぽ(黒)
- 刺しゅう 目のまわり(白) ※糸1/3本で目のまわりをバックステッチ
- 刺しゅう 図案 P.37 目の中・ひげ(黒)
- 刺しゅう 図案 P.37 鼻・口(グレー)

P.22 黒猫（寝そべりポーズ）

材料 毛糸[ハマナカボニー]：
黒(402) 65g
グレー(481)・白(401) 各適量
化繊綿：適量

用具 針：7.5号かぎ針、とじ針

編み図・図案

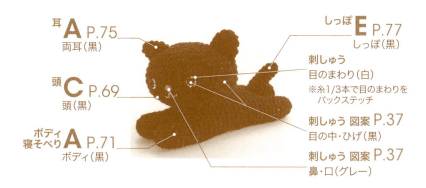

耳 **A** P.75 両耳（黒）
頭 **C** P.69 頭（黒）
ボディ 寝そべり **A** P.71 ボディ（黒）
しっぽ **E** P.77 しっぽ（黒）
刺しゅう 目のまわり（白）
※糸1/3本で目のまわりをバックステッチ
刺しゅう 図案 P.37 目の中・ひげ（黒）
刺しゅう 図案 P.37 鼻・口（グレー）

P.11 シャム猫（お座りポーズ）

材料 毛糸[ハマナカボニー]：
白(401) 55g
グレー(486)・黒(402) 各適量
化繊綿：適量

用具 針：7.5号かぎ針、とじ針

編み図・図案

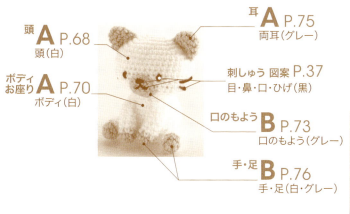

頭 **A** P.68 頭（白）
ボディ お座り **A** P.70 ボディ（白）
耳 **A** P.75 両耳（グレー）
刺しゅう 図案 P.37 目・鼻・口・ひげ（黒）
口のもよう **B** P.73 口のもよう（グレー）
手・足 **B** P.76 手・足（白・グレー）
しっぽ **B** P.77 しっぽ（白・グレー）

P.23 白猫（寝そべりポーズ）

材料 毛糸[ハマナカボニー]：
白(401) 65g 黒(402) 適量
化繊綿：適量

用具 針：7.5号かぎ針、とじ針

編み図・図案

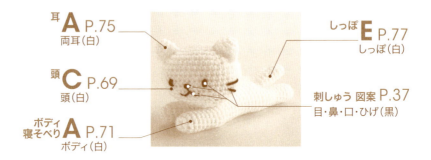

耳 **A** P.75 両耳(白)
頭 **C** P.69 頭(白)
ボディ 寝そべり **A** P.71 ボディ(白)
しっぽ **E** P.77 しっぽ(白)
刺しゅう 図案 P.37 目・鼻・口・ひげ(黒)

P.24 アカサビ（寝そべりポーズ）

材料 毛糸[ハマナカボニー]：
赤茶(483) 65g 黒(402) 20g
茶(419) 適量
化繊綿：適量

用具 針：7.5号かぎ針、とじ針

編み図・図案

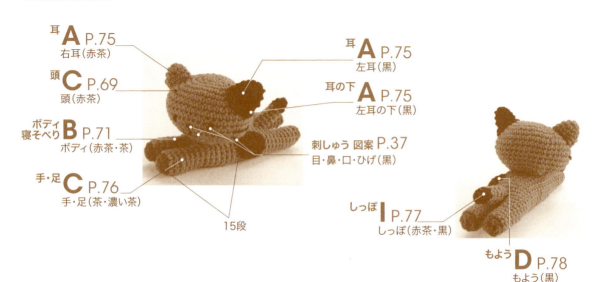

耳 **A** P.75 右耳(赤茶)
頭 **C** P.69 頭(赤茶)
ボディ 寝そべり **B** P.71 ボディ(赤茶・茶)
手・足 **C** P.76 手・足(茶・濃い茶)
耳 **A** P.75 左耳(黒)
耳の下 **A** P.75 左耳の下(黒)
刺しゅう 図案 P.37 目・鼻・口・ひげ(黒)
15段
しっぽ **I** P.77 しっぽ(赤茶・黒)
もよう **D** P.78 もよう(黒)

P.25 赤毛(寝そべりポーズ)

材料 毛糸[ハマナカボニー]：
赤(464) 65g 黒(402) 適量
化繊綿：適量

用具 針：7.5号かぎ針、とじ針

編み図・図案

耳 **A** P.75 両耳(赤)
しっぽ **E** P.77 しっぽ(赤)
頭 **C** P.69 頭(赤)
刺しゅう 図案 P.37 目・鼻・口・ひげ(黒)
ボディ 寝そべり **A** P.71 ボディ(赤)

P.24 赤毛(お座りポーズ)

材料 毛糸[ハマナカボニー]：
赤(464) 55g 黒(402) 適量
化繊綿：適量

用具 針：7.5号かぎ針、とじ針

編み図・図案

頭 **A** P.68 頭(赤)
耳 **A** P.75 両耳(赤)
ボディ お座り **A** P.70 ボディ(赤)
刺しゅう 図案 P.37 目・鼻・口・ひげ(黒)
手・足 **A** P.76 手・足(赤)
しっぽ **A** P.77 しっぽ(赤)

P.24 グレー（寝そべりポーズ）

材料 毛糸[ハマナカボニー]：
グレー(486) 65g 白(401)・
濃いグレー(481)・黒(402) 各適量
化繊綿：適量

用具 針：7.5号かぎ針、とじ針

編み図・図案

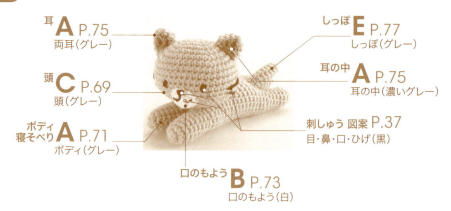

- 耳 **A** P.75 両耳（グレー）
- 頭 **C** P.69 頭（グレー）
- ボディ 寝そべり **A** P.71 ボディ（グレー）
- しっぽ **E** P.77 しっぽ（グレー）
- 耳の中 **A** P.75 耳の中（濃いグレー）
- 刺しゅう 図案 P.37 目・鼻・口・ひげ（黒）
- 口のもよう **B** P.73 口のもよう（白）

P.29 グレー（お座りポーズ）

材料 毛糸[ハマナカボニー]：
グレー(486) 65g 白(401)・
濃いグレー(481)・黒(402) 各適量
化繊綿：適量

用具 針：7.5号かぎ針、とじ針

編み図・図案

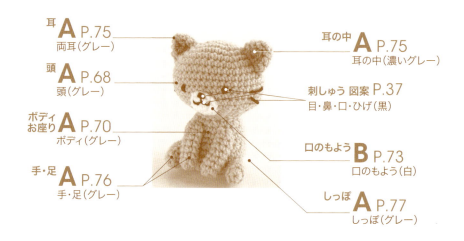

- 耳 **A** P.75 両耳（グレー）
- 頭 **A** P.68 頭（グレー）
- ボディ お座り **A** P.70 ボディ（グレー）
- 手・足 **A** P.76 手・足（グレー）
- 耳の中 **A** P.75 耳の中（濃いグレー）
- 刺しゅう 図案 P.37 目・鼻・口・ひげ（黒）
- 口のもよう **B** P.73 口のもよう（白）
- しっぽ **A** P.77 しっぽ（グレー）

P.28 ユウくん（寝そべりポーズ）

材料 毛糸[ハマナカボニー]：黒(402) 65g　白(401) 20g
化繊綿：適量

用具 針：7.5号かぎ針、とじ針

編み図・図案

- 耳 **A** P.75　両耳(黒)
- 頭 **C** P.69　頭(黒)
- ボディ 寝そべり **B** P.71　ボディ(黒・白)
- 耳の中 **A** P.75　耳の中(白)
- 刺しゅう　目のまわり(白)　※糸1/3本で目のまわりをバックステッチ
- 刺しゅう 図案 P.37　目の中・鼻・口・ひげ(黒)
- 口のもよう **C** P.73　口のもよう(白)
- しっぽ **F** P.77　しっぽ(黒・白)
- もよう **A** P.78　もよう(白)

P.28 ユウくん（立ちポーズ）

材料 毛糸[ハマナカボニー]：黒(402) 55g　白(401) 20g
化繊綿：適量

用具 針：7.5号かぎ針、とじ針

編み図・図案

- 耳 **A** P.75　両耳(黒)
- 頭 **A** P.68　頭(黒)
- 手 **F** P.76　手(黒・白)
- ボディ 立ち **B** P.70　ボディ(黒・白)
- 耳の中 **A** P.75　耳の中(白)
- 刺しゅう　目のまわり(白)　※糸1/3本で目のまわりをバックステッチ
- 刺しゅう 図案 P.37　目の中・鼻・口・ひげ(黒)
- 口のもよう **A** P.73　口のもよう(白)
- しっぽ **F** P.77　しっぽ(黒・白)
- もよう **E** P.78　もよう(白)

編み図・頭

頭A・Bの目の増減の仕方		
16	−8	→ 14
15	−4	→ 22
14	−8	→ 26
13	−8	→ 34
7〜12	±0	→ 42
6	+8	→ 42
5	+8	→ 34
4	+4	→ 26
3	+8	→ 22
2	+6	→ 14
1段め	+5目	→ 8目
作り目	くさり編み3目	

頭A

⑧〜⑪増減なし

頭B

頭C・Dの目の増減の仕方

段	増減	目数
17	−6	→ 8
16	−8	→ 14
15	−4	→ 22
14	−8	→ 26
13	−8	→ 34
7〜12	±0	→ 42
6	+8	→ 42
5	+8	→ 34
4	+4	→ 26
3	+8	→ 22
2	+6	→ 14
1段め	+5目	→ 8目
作り目	くさり編み3目	

頭C

⑧〜⑪増減なし

頭D

編み図・ボディ

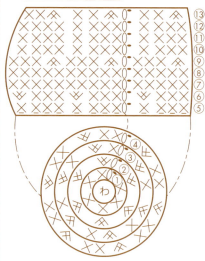

ボディ お座り A

ボディ座りの目の増減の仕方		
13	－6	→ 18
10～12	±0	→ 24
9	－6	→ 24
7・8	±0	→ 30
6	＋6	→ 30
5	±0	→ 24
4	＋6	→ 24
3	＋6	→ 18
2	＋6目	→ 12目
1段め	わの中に細編み6目	

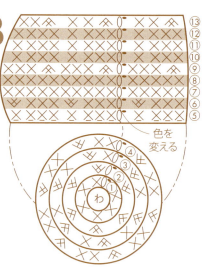

ボディ お座り B

色を変える

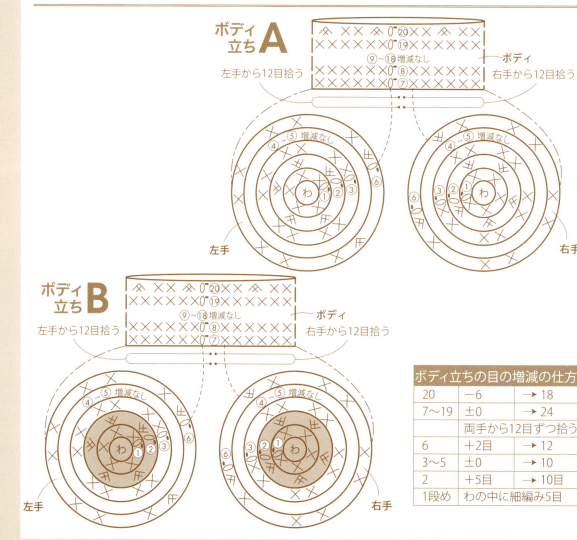

ボディ 立ち A

左手から12目拾う　　ボディ 右手から12目拾う

⑨～⑱増減なし

左手　　右手

ボディ 立ち B

左手から12目拾う　　ボディ 右手から12目拾う

⑨～⑱増減なし

左手　　右手

ボディ立ちの目の増減の仕方		
20	－6	→ 18
7～19	±0	→ 24
	両手から12目ずつ拾う	
6	＋2目	→ 12
3～5	±0	→ 10
2	＋5目	→ 10目
1段め	わの中に細編み5目	

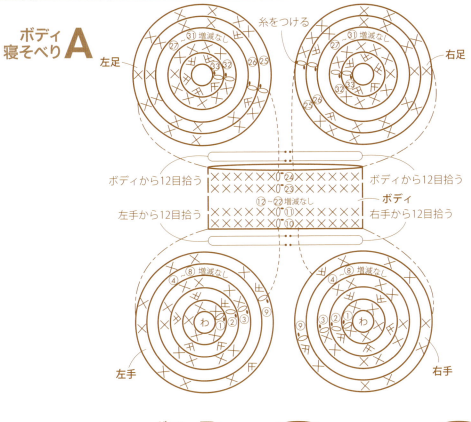

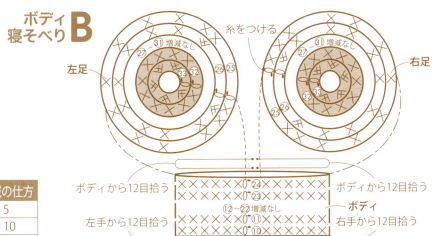

ボディ寝そべりの目の増減の仕方		
33	−5	→ 5
27〜32	±0	→ 10
26	−2	→ 10
25	±0	→ 12
	ボディから12目ずつ拾う	
10〜24	±0	→ 24
	両手から12目ずつ拾う	
9	+2目	→ 12
3〜8	±0	→ 10
2	+5目	→ 10目
1段め	わの中に細編み5目	

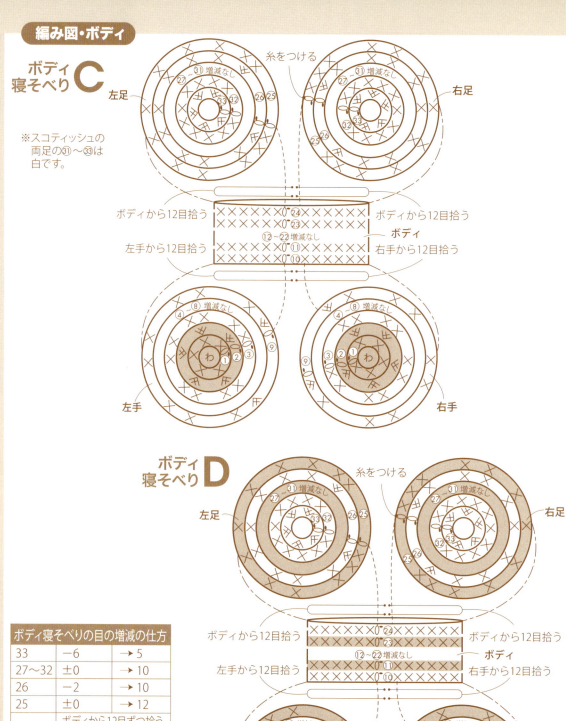

ボディ寝そべりの目の増減の仕方		
33	−6	→ 5
27〜32	±0	→ 10
26	−2	→ 10
25	±0	→ 12
	ボディから12目ずつ拾う	
10〜24	±0	→ 24
	両手から12目ずつ拾う	
9	+2目	→ 12
3〜8	±0	→ 10
2	+5目	→ 10目
1段め	わの中に細編み5目	

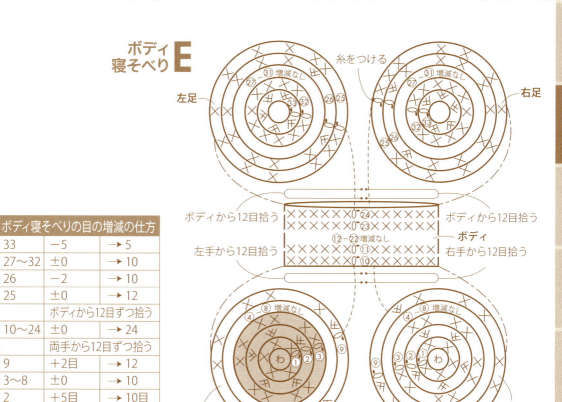

ボディ寝そべりの目の増減の仕方		
33	－5	→5
27〜32	±0	→10
26	－2	→10
25	±0	→12
	ボディから12目ずつ拾う	
10〜24	±0	→24
	両手から12目ずつ拾う	
9	＋2目	→12
3〜8	±0	→10
2	＋5目	→10目
1段め	わの中に細編み5目	

※6段目から色替え

編み図・口のもよう

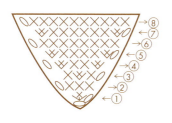

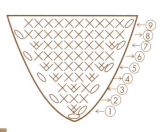

口のもようBの目の増やし方		
2	＋6目	→12目
1段め	わの中に細編み6目	

編み図・ボディ

ボディ 4本立ち A〜C

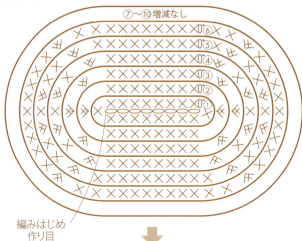

ボディの目の増減の仕方		
7〜10	±0	→ 50
6	+4	→ 50
5	+8	→ 46
4	+8	→ 38
3	+8	→ 30
2	+4	→ 22
1段め	+10目	→ 18目
作り目	くさり編み8目	

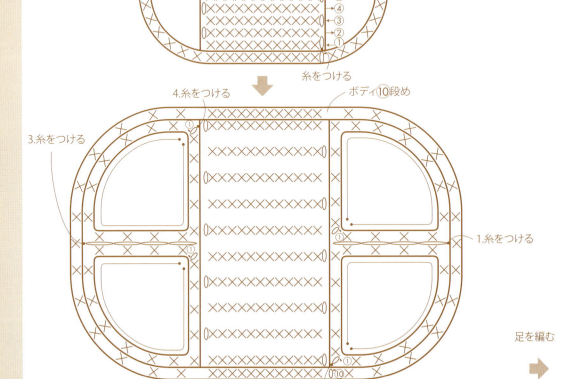

足を編む

編み図・耳

耳A

耳Aの目の増やし方		
4	+4	→ 12
3	±0	→ 8
2	+4目	→ 8目
1段め	わの中に細編み4目	

耳B

耳Bの目の増やし方		
3	+5	→ 15
2	+5目	→ 10目
1段め	わの中に細編み5目	

耳の中 A・B

耳の下A

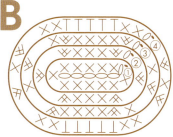

耳の下Aの目の増やし方		
3	+4	→ 16
2	+6目	→ 12目
1段め	わの中に細編み6目	

耳の下B

耳の下Bの目の増やし方		
4	+4	→ 28
3	+6	→ 24
2	+6	→ 18
1段め	+7目	→ 12目
作り目	くさり編み5目	

足 4本立ちA

足 4本立ちB

足 4本立ちC

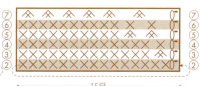

編み図・手

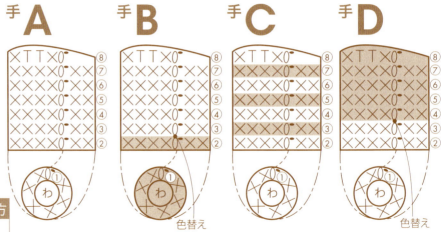

手A-Dの目の減らし方		
8	−2	→ 4
2~7	±0目	→ 6目
1段め	わの中に細編み6目	

手E・Fの目の増やし方		
3~10	±0	→ 10
2	+5目	→ 10目
1段め	わの中に細編み5目	

手 E
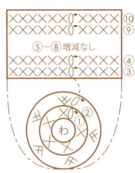

手 F
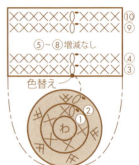

編み図・足

足の目の減らし方		
6	−2	→ 4
5	−1	→ 6
2~4	±0目	→ 7目
1段め	わの中に細編み7目	

足 A
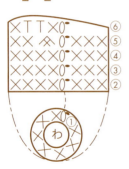

足 B
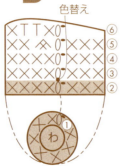

足 C
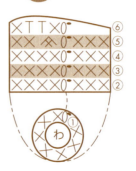

足 D
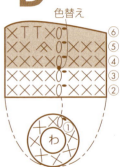

編み図・しっぽ

しっぽ A
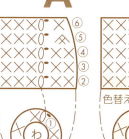

しっぽ B
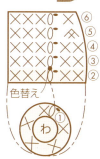

しっぽ C
色替え
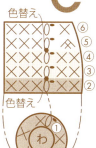

しっぽ D
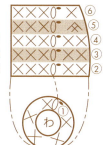

しっぽA〜Dの目の減らし方		
6	±0	→4
5	−1	→4
2〜4	±0目	→5目
1段め	わの中に細編み5目	

しっぽ E
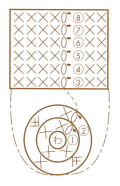

しっぽ F
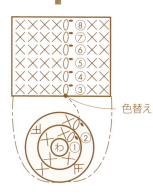
色替え

しっぽ G
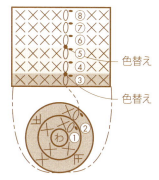
色替え

しっぽ H
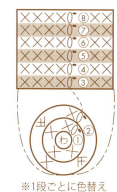
※1段ごとに色替え

しっぽ I
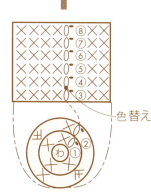
色替え

編み図・まり

⑥2枚合わせて細編み1周

色替え

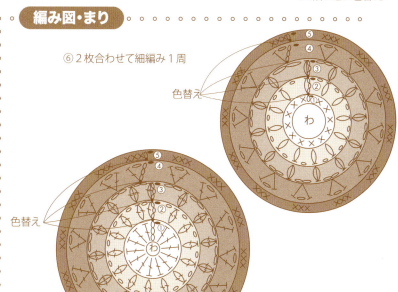

しっぽE〜Iの目の増やし方		
3〜8	±0	→6
2	+2目	→6目
1段め	わの中に細編み4目	

頭 / ボディ / 耳 / 手 / 足 / しっぽ / もよう / 刺しゅう / まり ちょうちょう / 編み方

編み図・もよう

もよう A

もようAの目の増やし方

2	+6目	→ 14目
1段め	+5目	→ 8目
作り目	くさり編み3目	

もよう B

もようBの目の増やし方

2	+6目	→ 12目
1段め	わの中に細編み6目	

もよう C

もよう D

もようDの目の増やし方

3	+4目	→ 16目
2	+6目	→ 12目
1段め	わの中に細編み6目	

もよう E
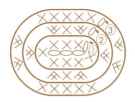

もようEの目の増やし方

3	+4	→ 18
2	+6	→ 14
1段め	+5目	8目
作り目	くさり編み3目	

顔のもよう A
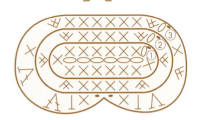

顔のもようの目の増やし方

3	+4	→ 24
2	+6	→ 20
1段め	+8目	→ 14目
作り目	くさり編み6目	

トラもよう A
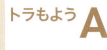

作り目 くさり編み13目

トラもよう B

作り目 くさり編み15目

トラもよう C

くさり編み25目

編み図・ちょうちょう

ちょう
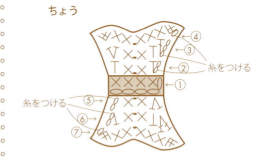

糸をつける

しょっかく ※糸わって1本で編む
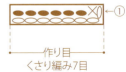

作り目 くさり編み7目

刺しゅう図案

もよう **F**

サテンステッチ

もよう **G**

サテンステッチ

もよう **H**

レゼーデージーステッチ

[レゼーデージーステッチ]

編み方の基礎

この本で使われている編み目記号

✕ 細編み

①矢印のように裏山に針を入れます。　②針に糸をかけ、引き抜き、もう一度針に糸をかけます。　③一度に引き抜きます。次の目も同様に編みます。　④細編みが5目編めました。

T 中長編み

①針に糸をかけ、前段の目に針を入れます。　②針に糸をかけ、引き抜きます。　③針に糸をかけます。　④一度に引き抜き、中長編み1目が編めました。

✓ 細編み2目編み入れる

細編みを前段の目に2目編み入れる編み方です。　①細編みを1目編みます。　②同じ目に細編みをもう1目編みます。　③細編み2目編み入れるが編めました。

長編み

①針に糸をかけ、前段の目に針を入れます。　②針に糸をかけ、引き抜き、もう一度針に糸をかけます。　③2本引き抜き、針に糸をかけます。　④一度に引き抜き、長編み1目が編めました。

✕ 細編み2目一度

前段の2目から目を拾って編む編み方です。　①次の目に針を入れ、糸をかけ、引き抜きます。　②その次の目に針を入れ、糸をかけ、引き抜き、もう一度針に糸をかけます。　③一度に引き抜き、細編み2目一度が編めました。

● 引き抜き編み

①前段の目に針を入れます。　②針に糸をかけ、一度に引き抜きます。　③引き抜き編み1目が編めました。

✕ すじ編み

①前段の向こう側の目を1本すくうように針を入れます。　②針に糸をかけ、引き抜きます。　③針に糸をかけます。　④一度に引き抜き、すじ編み1目が編めました。

中長編み2目玉編み

①針に糸をかけ、前段の目に針を入れます。　②針に糸をかけ、引き抜きます。　③針に糸をかけます。　④同じ目に針を入れ、糸をかけ、引き抜き、針に糸をかけます。　⑤一度に引き抜き、中長編み2目玉編みが編めました。

 細編み3目編み入れる　前段の1目に細編みを3目編み入れます。

 中長編み2目編み入れる　前段の1目に中長編みを2目編み入れます。

長編み3目玉編み　前段の1目に長編みを最後の引き抜きの手前まで編むを3目編み、最後の引き抜きで3目1度に引き抜きます。

長編み2目編み入れる　前段の1目に長編みを2目編み入れます。

中長編み3目玉編み　前段の1目に中長編みを最後の引き抜きの手前まで編むを3目編み、最後の引き抜きで3目1度に引き抜きます。

長編み2目玉編み　前段の1目に長編みを最後の引き抜きの手前まで編むを2目編み、最後の引き抜きで2目1度に引き抜きます。

🐾 著者プロフィール

寺西 恵里子　てらにし えりこ

(株)サンリオに勤務し、子ども向けの商品の企画デザインを担当。退社後も"HAPPINESS FOR KIDS"をテーマに手芸、料理、工作を中心に手作りのある生活を幅広くプロデュース。その創作活動の場は、実用書、女性誌、子ども雑誌、テレビと多方面に広がり、手作りを提案する著作物は550冊を超え、ギネス申請中。

寺西恵里子の本

『フェルトで作るお菓子』『かんたん！かわいい！ひとりでできる！ゆびあみ』(小社刊)
『楽しいハロウィン コスチューム＆グッズ』(辰巳出版)
『0・1・2歳のあそびと環境』(フレーベル館)
『365日子どもが夢中になるあそび』(祥伝社)
『3歳からのお手伝い』(河出書房新社)
『猫モチーフのかわいいアクセサリーとこもの』(ブティック社)
『きれい色糸のかぎ針あみモチーフ小物』(主婦の友社)
『はじめての編み物 全4巻』(汐文社)
『30分でできる！かわいいうで編み＆ゆび編み』(PHP研究所)
『チラシで作るバスケット』(NHK出版)
『かんたん手芸5 毛糸でつくろう』(小峰書店)
『リラックマのあみぐるみ with サンエックスの人気キャラ』(主婦と生活社)
『ハンドメイドレクで元気! 手づくり雑貨』(サンリオ)

🐾 協賛メーカー

この本に掲載しました作品はハマナカ株式会社の製品を使用しています。
糸・副資材のお問い合わせは下記へお願いします。

ハマナカ株式会社
京都本社
〒616-8585　京都市右京区花園薮ノ下町2番地の3　TEL/075(463)5151(代)　FAX/075(463)5159

ハマナカコーポレートサイト●http://www.hamanaka.co.jp　e-mailアドレス●info@hamanaka.co.jp
手編みと手芸の情報サイト「あむゆーず」●http://www.amuuse.jp

🐾 スタッフ

あみぐるみ製作　齋藤沙耶香　森留美子
マナちゃん＆ユウくん キャラクターデザイン　川副真佑実
4コマ漫画ストーリー　はまなかともこ
町屋背景製作　すぎはらようすけ
撮影　奥谷仁
デザイン　ネクサスデザイン
進行　鏑木香緒里

かぎ針で編む　猫のあみぐるみ

平成28年8月25日 初版第1刷発行

著者　寺西 恵里子
発行者　穂谷 竹俊
発行所　株式会社 日東書院本社　〒160-0022 東京都新宿区新宿2丁目15番14号 辰巳ビル
TEL　03-5360-7522（代表）　FAX　03-5360-8951（販売部）
振替　00180-0-705733　URL　http://www.TG-NET.co.jp
印刷　大日本印刷株式会社　製本　株式会社宮本製本所

本書の無断複写複製（コピー）は、著作権法上での例外を除き、著作者、出版社の権利侵害となります。
乱丁・落丁はお取り替えいたします。小社販売部までご連絡ください。

© Eriko Teranishi 2016, Printed in Japan　ISBN 978-4-528-02112-9　C2077